ニギハヤヒ・シ♭

命《ミコト》のオクターブ

山水 治夫 著

ナチュラルスピリット

はじめに

平成二十五年に、我が国で水の神・祓い浄めの神として、太古から崇められてきた瀬織津《セオリツ》姫《ヒメ》大神の分霊を、十三の音（オクターブ）に分け奏で、『セオリツ姫・シ♭～姫のオクターブ～』を出版しました。

シ♭（フラット）とは、

ドを基音として、その上に積み重なる倍音に含まれる、最初の不協和音のことです。

私は国立音楽大学のピアノ調律科を卒業したのですが、卒論にこの倍音をテーマにしました。私はその不協和音の倍音・シ♭を、〝お汁粉に入れる一つまみの塩〟と表現しました。相反するものだが、それがあってこそ味わい

深いものとなると……。（詳しくは『セオリツ姫・シ♭～姫のオクターブ～』を参照願います）

それを姫辞典とし、倍音に絡め描《えが》きはじめた時から、すでに私の脳裏にはその対となる大神、饒速日命《ニギハヤヒノミコト》、正式名は天照國照彦天火明櫛玉饒速日命《アマテルクニテルヒコホアカリクシタマニギハヤヒノミコト》のオクターブと、命《ミコト》の倍音のシ♭が鳴っていました。

全国、いや全世界、瀬織津姫を追って旅（姫旅）をしていると、当然、対の饒速日命大神を意識することがあります。これまでの瀬織津姫シリーズにも、私が感じた饒速日命の分霊をいろいろ記してきましたが、ある時この命、日・光の分霊も一度まとめてみようと思いました。もちろん、初公開のものがあります。

これまで三度参拝していますが、兵庫県たつの市には〝井関三神社〟という、この両神を祀る神社があります。大好きな社の一つで、何度行っても凛としています。ここの宮司になりたいと真剣に思ったくらいでした。

三度目の参拝は、その地で『瀬織津姫講座・初級編（ピアノライブ付き）』を頼まれた時でしたが、第一鳥居をくぐり御橋を渡っている時、桜餅の香りが降ってきました。※これまでの私の書を読まれた方はご存知と思います。国内外を問わず、私が姫の神社や聖地を参拝すると、よく甘い香りなどが降ってくるのですが、桜餅の香りはこの時が初めてでした。桜の時期ではありましたが、桜の葉を塩漬けにした、まさに和菓子の香りそのものでした。

陰陽の、陰が瀬織津姫大神であるなら、この陽の大神・饒速日命も姫同様、本当にたくさんの分霊を感じます。姫旅を続けるうちに感じた命の分霊を私なりに奏でてみます。

『セオリツ姫・シ♭～姫のオクターブ～』と同じように、文中では断言的な表現を使っている場合もありますが、こうだ、これが正しいことなのだ、と言うつもりは微塵もありません。あくまでも私の感覚を書かせてもらっています。また、この命も姫のように、決して十三柱ですむエネルギーではありません。チョイスするのが姫同様大変でした。瓊瓊杵尊《ニニギノミコト》も瀬織津姫シリーズで命の分霊と記していましたが、今回は載せられませんでした。

また、この大神も結果、日本のみならず世界の大神とリンクしました。この書、命辞典が、みなさんの感性、神行のお役にたてれば幸いです。

山水　治夫

※これまでの私の書

『瀬織津姫物語』『瀬織津姫秘話』『瀬織津姫愛歌』（以上、評言社刊）。『瀬織津姫伝説』『瀬織津姫神話』『瀬織津姫愛舞《ダンス》』『セオリツ姫・シ♭』『528Hzの真実』『瀬織津姫意識（上・下）』（以上、ナチュラルスピリット社刊）。文中引用時にはそれぞれ『物語』『秘話』『愛歌』『伝説』『神話』『愛舞』『姫・シ♭』『528』『意識』とさせていただきます。

目次

プロローグ

『セオリツ姫・シ♭』のシ♭は磐長姫《イワナガヒメ》だった。記紀（古事記、日本書紀）に、不器量と、女性として可哀想な書かれ方をされた女神である。

同様に、記紀などの古文書、歴史本を読んでいる内に、男神においても、いつも気になる一柱がいた。その神は磐長姫同様、最悪な書き方をされている。それが元で、記紀はもちろん、その参考書とも評され、同じ内容で書かれている（訳されている）『※ホツマツタヱ』も作為的な部分があると感じたほどである。

（この神はそんなにおかしな神なのか？　どうしようもない暴れん坊だったのか……）

プロローグ

決定的だったのは、平成二十三年の九月、『厳島神社山水治夫正式参拝＆トーク』の翌日から、「金星に姫旅してきます」と言い、参加者を煙に撒き向った、出雲の旅であった（『意識』参照）。

その時に、瀬織津姫のみならず、素戔嗚尊《スサノオ》の神社にも多く参拝した。もちろん、瀬織津姫と祭神が重なる社も多くあり自然と旅ができたのだ。

中でも特に、出雲一ノ宮・熊野大社（祭神・熊野大神櫛御気野命《クマノノオオカミクシミケノミコト》＝素戔嗚尊）の拝殿での出来事が、私に素戔嗚尊スイッチを入れた。拝殿の前で強烈な香水のような甘い香りが降ってきて、その後、車でどこへ移動しようが、車内でもその香りが私から離れなかったのだ。帰京してからは、さらに、自分から神香《しんこう》を発する日々が続いたくらいであった。

長年心の奥底にはあったが、自分の意識の表に出すことはなかった想い。

「※素戔嗚尊は饒速日命」

秘めていた想いを、ついに封印解除したのだ。そう、自分自身で封印していたものを解いたのだ。

そういうことがあり、この書ができた。これも神仕組みと感じている次第である。これも、強烈なひとつまみの塩……。いや、私にとってはあまりにも強烈すぎて、マグマに垂らす一滴の水か……。

また、『姫・シ♭』になく本書にある特色としては、僧、音楽家が登場することであろう。寺に関しては前著、『意識』にかなり多く記した。分野、職業は分霊には関係のないことなので、それは自然で良かったと思っている。ましてや、音、音楽は神が作ったもの。それを直で降ろす。素で降ろせた人とは……。

※『ホツマツタヱ』も作為的な部分
作為的な箇所があるからといって全否定するものではない。この書も重要な

古文書の一つととらえている。だいたいが、正書、偽書ということでいうと、記紀を話題にすることさえ論外と思う。どんな書であろうと、書き手が人間であれば、どうしても立場上の意思が入り込む。また、『出雲国風土記』などの郷土史でさえ、朝廷の顔色をうかがいねじ曲げられている可能性があるからして、正書というものはそもそも無いと思う。『ホツマツタヱ』には、『あわのうた』など重要なものを多く含む。

※素戔嗚尊は饒速日命

通常、素戔嗚尊は饒速日命の父親と言われている（説）が、『姫・シ♭』のマグダラのマリアと聖母マリア同様に、大きな宇宙エネルギーは、同時にも親子としてでも必要とあらば降臨するものである。

第一章　ド：ヘンデル

ゲオルク・フリードリヒ・ヘンデル（一六八五年〜一七五九年）。最初からいきなり音楽家？　と思われる方もいるだろう。それもヘンデル？　音楽を趣味としていない人にとっては、有名なような無名なような……。

しかし中には、『音楽の母、ヘンデル。音楽の父、バッハ』と教えられたことを思い出す人もいるであろう。バッハと並びバロック音楽の雄。バロックでは、ヴィヴァルディーも有名。あの皇室アルバムのバックのテーマ音楽と言えば、誰しもなんとなくメロディーを思い出すのではないか？『四季』

という作品。そう、あの時代の作曲家。

小中学校の音楽室の後ろの壁の上にも、この巨匠の肖像画は必ず掲げられていた。あの壁のスペースは限られている。その中に入り込むのは至難の業。それも一番左に、つまり最初の位置にいたはず……。やはり父より母が先か……。

いっしょに思い出してみよう。ヘンデル、バッハ、ハイドン、モーツアルト、ベートーヴェン、ショパン、チャイコフスキー……。

モーツアルトくらいまではカツラを被っていた。小学生の頃は、あれがカツラだとは知らず、西洋人はあのような髪をしているのだと信じていたものだ。特に、ヘンデルとバッハは何となく似ていた。バッハの方がブッチャー※度合いが強く、区別はついたが（笑）。

幼少時代から音楽の非凡な才能を示していたヘンデルは、バッハと同じ一六八五年に、それも同じ国ドイツの、現ザクセン＝アンハルト州（当時はブランデンブルク＝プロイセン領）のハレという町に生まれた。

ここで、意外な真実を書いてみる。現在はバッハの方が圧倒的に有名で曲も多く知られ愛聴されているが、当時は真逆だったのだ。ヘンデルがスーパースターで、バッハは教会に勤める作曲家だった。奥さんが二十人で、子供が百人いたというバッハに関しては、『528』にも記した。

ヘンデルは母国で売れてからイギリスに渡り、帰化し、そこでも一世風靡した。彼は結局、生涯の三分の二をイギリスで過ごした。ヘンデルに憧れていたバッハは、ヘンデルに会ってほしいと二度願ったくらいだ。しかし、叶わぬ夢と終わってしまったそうだ。

そのヘンデルの一番※の名曲、一番我々に知られている曲は、管弦楽組曲『水上の音楽』だろう。水の曲だ。瀬織津姫の音楽を彼は残したのだ。だから命

ゲオルク・フリードリヒ・ヘンデル

の分霊と思った、感じたというわけではないのであしからず。ただ、全く関係ないかといえば、そうとは思わない。

小中学校の音楽の授業でもこの曲は出てきた。バロックの時代に、あのサウンドはやはりとてつもなく凄いと感じる。みなさんも今一度、聴いていただきたい。バッハと同じ時代（同じ年生まれ）の音楽と意識して聴いてもらいたい。どれだけ素晴らしいか再認識できると思う。後のクラシックの基礎を築いたとよく分かる。母と言われるのも分かる。

そこで肝心なこと。なぜ、この書にこのヘンデルが登場するのかだが、第十章のベートーヴェンに関係してくるのだ。だいたいが、そのベートーヴェンにしても、なぜ？　と疑問を持つ方がいると思うが、詳しくは後の楽しみにしてもらう。結論だけ書くと、私はベートーヴェンとヘンデルが同魂と感じているというわけなのだ。ということはそう、ヘンデルも饒速日命。もちろん、このようなことを書くのも言うのも私くらいだと思う（いや、そうです！　という霊能者がいるかもしれない）。しかし、私はそう感じているので、まずこのヘンデルを最初に持ってきた。この書のジャブと言ったらヘンデルには大変失礼だが……。水に流してくだされ。

ベートーヴェンより八十五年早く生まれ、ベートーヴェンの生まれる十一年前に亡くなったヘンデル。ベートーヴェンはヘンデルに憧れ、尊敬していた。死の床にあった時、弟子のツェルニーが、やっと手に入れ持ってきたヘンデルの楽譜を、ベートーヴェンは手に取り涙したという。その二日後に昇天した。ヘンデルは、それほどの大作曲家。

私はピアノが五台ある家に生まれ、音楽に囲まれて育った（『528』参照）。小学三年生から両親は私に、ビクターから発売され毎月送られてくる、大作曲家の解説書付のレコードを契約してくれた。第一号はチャイコフスキーだった（昨今、同様なものでCD付きの本が出たが、確かそれも第一号はチャイコフスキーだった)。

毎月届くのが楽しみだった。レコードプレイヤーの針を落とし音が流れ、解説書にあるヨーロッパの邸宅の前に広がる芝生の写真を見ると、その芝生の匂いを感じたものだ。毎日毎日聴いていた。

タイトルなどには興味を示さず、覚えることもせず、ただただ聴いていた。これは現在の私の元というか、いい意味でも(?)悪い意味でも基本になっている。私はクラシックの名曲も、メロディーを知っていても、作曲家&タイトルを知らないというものが多い。それとともに、人の名前も覚えない&覚えられない人になっている。ただ、画像はどんな昔でもしっかりとYouTubeを見るがごとく思い出せる。例えば、7行前の、芝生の匂いを感じ、何とも言えない思いになっていた時の自分を見られるのだ。その時座っていたソファーの柄も、スプリングのクッションの感覚も……。

当時、世の中にカセットテープレコーダーなるものが出現して、各作曲家のいい部分、いわゆるテーマというか、そう、サビの部分をピックアップして繋ぎ録音して聴くくらい、クラシックの大作曲家たちのメロディーに陶酔していた。ある夏の日、学校から帰ってきて聴きながら寝てしまい、薄暗くなった部屋で母に起こされたことを覚えている。これまでの人生で一番クラシックを聴いたのが、この小学生のこの頃……。

まだまだ環境負けしている私だが、両親に感謝。

大神が宇宙の法、愛を説くのに宗教家として降臨するとは限らない。法愛を説く方法は虹の色のごとく、いや、音の数ほどある。

ヘンデルには気品と遊び心を感じる。

※ブッチャー

まさか、自分の書にブッチャーが登場するとは夢にも思わなかった。年代によっては知らない人もいるだろうから、一応解説を入れる。カナダ・オンタリオ州ウィンザー出身のプロレスラー。昭和時代の日本プロレス界を代表する人気悪役レスラーの一人。スキンヘッドの頭からよく血を流していた。子供の頃、怖くて嫌だった。バッハの肖像画を見ると必ず思い出す。

※一番の名曲、一番我々に知られている曲

バッハが主として教会の礼拝で用いる音楽（教会音楽）で活躍したのに対し、ヘンデルはオペラや（劇場用の）オラトリオなど、劇場用の音楽で本領を発揮した。特に、オラトリオ《メサイア（救世主）》は曲中に有名な『ハレルヤ・コーラス』を含み、今日でも非常に有名である。文中で一番の名曲、一番我々に知られている曲を『水上の音楽』としたが、人によっては、この『ハレルヤ・コーラス』かもしれない。

第二章　ド♯：円空

ハレからいきなりギフに飛ぶ。

円空（一六三二年～一六九五年）が登場することになった。江戸時代前期の僧で、美濃（岐阜県）出身。円空仏と言われる独特の作風を持った木彫りの仏像を、全国に残した。

『姫・シ♭』に原稿を書きはじめてから入った情報で、その時、書に急遽加えた、〃楊貴妃〃と似ている。楊貴妃は未だに姫かどうか分からないままだが、この円空は、「饒速日命だ！」と、この書を書きはじめた以降に「カチッ」

ときた。詳しくは『意識』を参照していただくとし、この書では、その後のことを書きたい。

私には、花などの甘い香り以外に降ってくる香りがある。それは檜、墨汁、ハーブ、温泉（硫黄臭）などだ。明らかに甘い香りとは一線を置く。しかし実際にくるのだ。これは、甘い香りも無論そうだが、全国の読者&リスナーの方々にも注がれているので体験した方もいるだろう。

当初から、このさまざまな香りについて、「香りによって神が違うのでしょうか？」という質問が私の元に届いていた。私は「分かりません」と答え続けた。

まだ墨汁の香りがきていない頃、檜の時にも「これは男神様がくださる香りでしょうか？」と訊かれていたものだ。それでも、「そうかもしれませんが、僕には分かりません」と答えていた。

墨汁の香りが、円空に濃く関係するところで、立て続けに降ってきた（『愛舞』参照）。当初は、円空＝饒速日命という感覚は微塵もなかったので、ただただその不思議で、あり得ない現象に驚きと感動をしているのみだった。

それを、全国でも有数の、円空を大切にしている愛知県の寺を訪問した時に、完璧なタイミングで円空は私に墨汁の香りの風を吹かしたのだった（『意識』参照）。「もう分かりなさい」という風を。

なぜ、円空は墨汁なのか……。

彼は十二万体と言われる木彫仏を彫ったという。まあ数はいい加減だろう。いろんな仏を彫った。男の天照大神、いろいろな観音、ｅｔｃ……。円空は瀬織津姫を想い、旅をしていたという。そして彼は短歌も多く残した。菊池展明著『円空と瀬織津姫』（風琳堂刊）は、この円空の軌跡がよく分かるので推薦する。

円空は時折、その仏像の裏にサインをしていた。もちろん墨でである。彼のそのサインは、彼が全国の瀬織津姫を辿るために足で歩き回った、軌跡そ

岩手県沢内村の碧祥寺の円空仏（『秘話』参照）

のものだったと思う。一筆一筆が彼の一歩一歩……。

菊池展明氏と平成二十五年秋に岩手県遠野市で飲んだ（『意識』参照）。いろいろ話をした。その時、私は、円空イコール饒速日命などとは言わなかったが、

「最近、円空ってとんでもなく素晴らしい過去世を持った人物と思いました。ものすごく霊格の高い人だったのではないかと……」

と話すと、目を輝かせて喜んでくださったのを覚えている。

私も全国行脚して姫を追っている。私は全国すべてを回ったので、円空より範囲は広いが、彼は私のように鉄馬や鉄鳥に乗ってない。私は、円空の時代に彼がした旅をできる自信はない。芭蕉もそうだが、古《いにしえ》の目的・意思・使命を持った先人の難儀を想像するのは容易ではない。

円空には鏡という言葉が浮かぶ。足とノミで磨いた香我美。

第三章　レ：日本武尊

『日本書紀』で日本武尊《ヤマトタケルノミコト》と書き、『古事記』では倭建命《ヤマトタケルノミコト》と書く。『ホツマツタヱ』では〝やまとたけ〟。『日本書紀』、『先代旧事本紀』では景行《けいこう》天皇の第二皇子。『古事記』では第三皇子となっている。当時は現在より生まれた赤子の育つ確率が低かっただろうし、側室の子も多かっただろうから、こういった間違いや食い違いも仕方がなかったのかもしれない。故意の場合もあるだろうが……。

日本、ヤマトという言葉のせいか、日本史、古代史、神々に興味がない人にも、割と知られているというか、一度は耳にしたことがあると思う。かつて私もその一人だった。

　彼に対しては誰しもがそうであろうが、名前に注目してしまう。国名が名前に付くのは、当然本名でなく後で付けられたものだが、付けられるだけの立場、生まれだったということだ。後の章で登場する大国主命《オオクニヌシ》も同様。

また、『常陸国風土記』では倭武天皇。『阿波国風土記』の逸文では倭健天皇（または倭健天皇命）と書かれているのも面白い。想像するに、現在私たちは、ある書を基本にして、何代○○天皇……と知ったり意識したりするが、その書も必ずしも正しいとは限らない。また当時は天皇を定める地域、人、状況が安定していない時もあり、現在の定説では天皇の一人に数えられていないだけで、この日本武尊も本当に天皇だったのかもしれない。

　ただ、日本《やまと》と倭《やまと》は、この国が一つになる前は別の国だった説もある。だから、ヤマトを日本と倭の二つの字で安易に表記していることに、もっと違和感を持つ必要があるかもしれない。

日本武尊を意識したのは、やはり草薙《くさなぎ》の剣であった。瀬織津姫を追っている内に、愛知県の熱田神宮※に行き当たった。この社は『姫・シ♭』を含め、これまでの私の書に多く登場するが、本殿、末社、開放された禁足地の社も瀬織津姫が祀られている。その社のご神体がその草薙の剣。そしてそれは日本武尊のこととなっている。

この剣はどこからきたか、誰が持っていたか……。のちに登場する素戔嗚尊だ。縁無き者は持たない、持てないもの。神仕組みでそうなっている。

父の景行天皇が尊《ミコト》に、「東の国はまだ荒ぶる神々が騒ぎ立て、反乱を起こしている。行って平定してこい」と命じ、尊は伊勢の叔母である倭姫《ヤマトヒメ》のもとを訪ねて愚痴をこぼす（この愚痴をこぼすところが好きだ）。倭姫は天叢雲剣《あめのむらくものつるぎ》などを尊に渡した（天叢雲剣とは、素戔嗚尊の有名な逸話で、八岐大蛇《やまたのおろち》を退治した際に大蛇の尻尾から出てきた剣のこと）。

尊は尾張（愛知）も越え、駿河の国に着いた（現・静岡県焼津と言われている）。この国の賊たちは、尊に従うふうに見せ騙し討ちを考えた。尊を腰くらいまである草の茂る野原に誘い出し、その先にある沼あたりに住む乱暴者らを成敗してくれと頼んだ。尊が野原に進んでいくと、賊たちは外から火を放った。その火が尊に迫ってきて囲んでしまった。

さあ大変！　そこで尊は、倭姫からもらった剣で周りの燃える草を切った。これだけでは助からなかった。それから大きな穴（直径二メートルほど）を見つけ、そこに飛び降り隠れて、逃れることができたのだった。それで、この時から天叢雲剣は、草薙の剣と呼ばれ伝わった。

尊の后《きさき》（女性）は、もちろん何人もいたようだが、名の残っている中、弟橘姫《オトタチバナヒメ》が有名だ。この姫と尊との逸話は、何度聞いても胸が詰まる。ウィキペディアから引用する。

〜尊の東征に同行。走水の海に至った時、尊の軽はずみな言動が海神の怒りを招く。海は荒れ狂い、先に進むことが不可能になった。海神の怒りを解くため、弟橘姫は「私は夫である皇子の身に替わって海に入水します。どうぞ皇子の東征を護らせ給え」と念じ、浪の上に菅畳八重、皮畳八重、絁畳《あしぎぬ》八重を敷いて、その上に座って入水した。すると波が穏やかになり、船を進めることが可能になった。彼女が持っていた櫛は七日後、海岸に流れ着いた。現在の東京湾沿岸には、こゆるぎという地名や、袖ケ浦、袖ケ浜などという地名が多くあるが、これは弟橘姫の帯や袖が流れ着いたという伝説に基づいて名付けられた地名である。

姫を忘れられない尊は、『日本書紀』によれば碓日嶺《うすひのみね》において、「吾妻はや」(我が妻よ)と嘆いた。日本の東部を「あずま」と呼ぶのは、この故事にちなむという。いわゆる地名である。〜

大阪府堺市、大鳥神社にある銅像

この伝説で、弟橘姫は后の中で特に知られることになった。

姫が入水し、その櫛や袖が流れ着いたとされるところが、知っているだけで四カ所ある。そこには尊と弟橘姫の伝説が色濃く残っている。東京湾を挟み、神奈川県の横須賀は走水《はしりみず》と川崎。千葉県の木更津《きさらづ》と富津《ふっつ》である。袖ケ浦のみならず、木更津も、日本武尊が弟橘姫の死を悼んでその地を去ろうとしなかったので、君去らずと呼ばれ木更津になったと言われている。

四カ所に※それぞれ神社がある。この書の編集中の二月に、東京湾を結ぶ高速道路アクアラインを使い一日ですべてを参拝した。すべていい神社だった。偶然?知り合った読者&リスナーが川崎と富津の方で、どちらも尊と姫に縁のある方だったのだ（もちろん偶然でないと解っている）。その神仕組みに感謝し、案内していただいた。

走水神社では、手水舎の付近で甘い香りが降ってきた。そして石段の手前で、檜とも杉とも思えるような木の香りが降ってきた。尊も姫も待ってくださっていたのだろう。

ところで、この姫の名の橘《たちばな》。この字はとても深い。柑橘系の果物、ミカンと言ってしまえばそれまでだが、この木は『ホツマツタヱ』では、まだ男と女の区別がない太古の国之常立大神《クニノトコタチノオオカミ》の時代に、植えられた木とも言われているのだ。この文字をもらえる人は限られていたという。この字を名に付けられる人はとても高貴な人に限られた。それほどの文字だ。『ホツマツタヱ』で高貴な女性といえば、男神天照大神の姉の、わか姫と、后である瀬織津姫穂乃子が浮かぶ。弟橘姫はそれほどの人物だったことが想像される。

また、宮崎県宮崎市にある宮崎八幡宮は、瀬織津姫を橘大神として祀っている。それも宇佐神宮と春日大社の比売大神とイコールとしての扱いである。とても興味深く且つ重要なこと。

昨年（平成二十六年）の十月、滋賀県琵琶湖は彦根でトーク＆ライブを行った時には、その足で米原市にある醒井《さめがい》に寄った。ここも日本武尊の名残りの地の一つ。ここは昔、中山道の六十一番目の宿場だったそうだ。

湧き水の地として有名で、地蔵川の清らかな流れの中に、バイガモの水中花が白、黄、赤と可憐な花を咲かせていた。尊もこの花を愛でたであろうか……。加茂神社の手前に、尊が怪我をして水で癒す時に腰かけたという石もあった。

日本武尊には涙が似合う。尊が生まれ変わったら、その涙を晴らすであろう。

※熱田神宮
日本武尊を祭る神社は、一般的には大鳥神社、白鳥神社、杉山神社が多い。

※四カ所にそれぞれ神社
走水には走水神社。川崎には橘樹《たちばな》神社。木更津、富津には吾妻《あづま》神社。

第四章　レ♯：大物主神＝大山咋神

大物主神《オオモノヌシ》と大山咋神《オオヤマクイ》。この二神を祀る神社として有名で、私がパッと浮かぶのは、大物主神が奈良の大神《おおみわ》神社で、大山咋神が京都の松尾大社。

しかし、この両神をいっしょに手厚く祀る神社がある。

滋賀の日吉大社だ。

近江の比叡山の神を祀る神社。西本宮に大物主神、東本宮に大山咋神が祀られている。元々、大山咋神が祀られているところに、大物主神が勧請《かんじょう》され、祀られるようになったとのこと。しかし、扱いが微妙だ。後からきた大物主神を大比叡とし、元々いた大山咋神を小比叡としている。

そしてまた複雑なのは、この大山咋神は、大年神と天知迦流美豆比売《アメノチカルミヅヒメ》の間の子であるという。大年神とは一般的に饒速日命の幼名と言われている。もちろん諸説ある。このように神々を紐解くと、逆に絡まってしまうことが多々ある。しかし、親子でも同じエネルギー、分霊の場合があるので問題はない（『愛舞』、『姫・シ♭』参照）。


神社で結婚式を挙げるのもいいものだ。ここ日吉大社では、私の甥っ子も結婚式をあげたが、もちろんその前に私も参拝をしている。末社に走井祓殿社《はしりいはらいでんしゃ》があり祓戸四神《※ハライドヨンシン》が祀られている。

境内を流れる川の側にあり橋を渡って対岸にあった。朱色の可愛い祠《ほこら》だ。瀬織津姫の文字もしっかりと書いてあり、よろこんだものだ。この参拝時も帰りに駐車場へ向う途中、甘い香りがきた（『伝説』参照）。

日吉大社の境内

まずは大物主神から。

この神が饒速日命のことであると認識したのは、かなり前からだと思う。平成二十六年四月に、大神神社で『山水治夫 ※太田昌江 正式参拝&トーク』を開催したが、この社は、大物主神が饒速日命のことであるとは認めていない。あくまでも大国主命だとしている。いろんな事情、立場もあろう。それはさておき、ここの神職さんと話して感動したことがある。私が『瀬織津姫講座・初級編』で話してきたことと、まったく同じことを言われたのだ。

「瀬織津姫様はすべての神社におられます。神社とは祓い浄めをするところですから」

こう言ってくださった神職がいる社だ。間違いない社だ。

太田さんと東京で、この会の前に二度コラボをしたが、太田さんには宇宙の記憶の話をしていただいた（『意識』参照）。アンドロメダでの饒速日命と瀬織津姫の愛と別離の話……。同じ記憶を甦らせた方々が涙した。そして、饒速日命が乗った宇宙船が、この大神神社のご神体でもある三輪山に降り、地中深く入ったという。荒唐無稽な話と思われるだろうが、太古の出来事を簡単に否定できるものではない。


次は大山咋神。

この神を強く意識したのは、冒頭に書いた松尾大社に行った時である。酒の神を祀るとして知られる。この社には二度参拝したが、二度目の参拝時にこの神をしっかりと意識した。『意識』に記したことと重複するが、とても重要なことなので、本書にも少し書かせていただく。

それまでは、木花咲耶姫と磐長姫の親と言われる、大山祇命《オオヤマズミ》と混同しがちな神名でややこしいなと、こんな失礼なことでしか頭に過《よぎ》らない程度だった。

ところが、二度目の参拝の時に衝撃が走った。この神社の祭神は二柱で、大山咋神と中津島姫命だが、その中津島姫命が市杵嶋姫《イチキシマヒメ》のことと知った。ということは瀬織津姫だ……。すると、この大山咋神というのは……と意識をして参拝したのだった。

松尾大社は渡来人の秦氏が建てた社。この日は、壱岐島の占部さんに紹介していただいた神職さんが、懇切丁寧に境内を案内してくださった（『意識』参照）。松風館を過ぎ、宝物館である神像館に入ってからのこと。そこの左の壁に神社の歴史が書いて貼ってあったのだが、冒頭に書いてある文字に驚愕した。

神饒速日命孫　宗祖

そして、

松尾大社の初代宮司　秦都理《はたのとり》

と続く。

松尾大社と賀茂神社の総本山である上賀茂神社と下鴨神社の三社は、秦氏三所明神と言われる。

ここで章の頭にもどる。大物主神と大山咋神の両神を祀る日吉大社。日吉大社では、大物主神を大比叡とし、大山咋神を小比叡としていると書いたが、大山咋神の別名を山王としており、また、山王は二神の総称であるとしているのだ。ということは、この大社は、すでに大物主神と大山咋神は同神と明記しているのである。ありがたい。そう、大物主神＝大山咋神＝饒速日命なのだ。

ちなみに、秦氏が出てきた。瀬織津姫シリーズでも記しているが、神社のほとんどは秦氏が建てたもの。前記以外に、宗像大社、兵主神社、金刀比羅宮、気比神社、白山神社、白木神社、白髭神社、諏訪大社、鹿島神宮などなど。そう、などなど……。

大物主神＝大山咋神は、日本の要所を支えている。

※祓戸四神
　祓い浄めの神。瀬織津姫、速開都姫《ハヤアキツヒメ》、気吹戸主《イブキドヌシ》、速佐須良姫《ハヤサスラヒメ》の四神。気吹戸主のみ男神。
※太田昌江
　『瀬織津姫愛舞』と、サードアルバム『三次元のロマン』の表紙、ジャケットの絵の作者。画伯。

第五章　ミ：泰澄

霊峰・白山の開山の僧といえば、そう、泰澄《たいちょう》（六八二年～七六七年）。奈良時代の修験道の僧。

開山とは、その山を初めて開いたというが、なにも初めて山頂まで上った人という意味ではない。そのように勘違いしている人がいる。それは、山頂で神を祀り、修験道の修行をしたという意味である。それが多分、泰澄が初めてであると言われ、そのように伝わっているということだ。もう一つ、泰澄は一人ではなく、弟子とともに上っている。

『泰澄和尚伝』の中で泰澄は、養老元年（七一七年。三十六歳の時）に、母親の実家のある越前は福井の勝山市南部から、白山へ上ったと記されている。これは私の一番好きな白山神社、平泉寺《へいせんじ》白山神社のある地だ。エミシは岩手の早池峯《はやちね》神社もそうだが、山の頂に奥宮がある神社は、その登山道口に社を作るものなのだ。加賀は石川の白山媛《しらやまひめ》神社も美濃は岐阜の長滝《ながたき》白山神社、中居《ちゅうきょ》白山神社もしかり。どれも素晴らしい社である。まだ行ったことのない方にはお薦めする。

泰澄は、越の大徳と称された。越前国麻生津《あそうづ》（現・福井市）の豪族（高句麗からの亡命帰化人と言われている）の次男として生を受け、十四歳で出家した。最初は法澄と名乗ったという。その十四歳の時に、夢の中で十一面観音のお告げを受け、地元の越智山《おちざん》にこもり修行にあけくれるようになったという。十一面観音を念じて修行を積んだのだ。十一面観音＝瀬織津姫＝川上御前＝伊耶那美《イザナミ》＝菊理姫である（『愛歌』『愛舞』『姫・シ♭』参照）。

それにしても泰澄はスタートがいい。夢の中でというのは、私※も同じなので共感する。

泰澄が開山した時、この山の神が十一面観音と同じ神であると感得したのだ。言い伝え、伝説はまだまだある。白山の神がキングギドラのごとく怖い怖い竜の姿で現れた際、「怖いので、もっと優しい面でお願いします」と念じると、麗しき女神の姿で現れてくれたとか……。私ももちろん、そうであってほしい（笑）。

泰澄の功績の　つに、地方の一名山だった白山を中央（京都）に広め、白山信仰を広めたことだ。貴族もこぞって信仰したという。現在、白山神社は全国に二千七百社ほどある。

さて、本題に入る。

彼が饒速日命の分霊と「カチッ」ときたのは、まだ新しい。去年（平成二十六年）の夏に、地元北陸の読者Kさんをお連れし、平泉寺白山神社へ参拝した時のこと。その前に、この神社には、それまで六回ほど参拝していたと思う。これまでの瀬織津姫シリーズの書に記してあるので参照願うが、最初の二回は地元の方に連れられて参拝した。衝撃的だった。こんな素晴らしい社があったとは……。夕方に着いたのだが、夕日の金色の光線が、緑に苔むす境内、森に入ってくる色彩は芸術そのものだった。ここの苔は、日本三大庭園の加賀は兼六園の苔と双璧だ。いや、それ以上か……。

三回目からは自分で参拝しに向かった。読者や知人とともに参拝しているが、その時から毎回、ウムを言わせず……の強烈な神香が降ってくるようになったのだ。いつもの甘い香り、カサブランカの香り、おしろいの香り、墨汁の香り……。同行者も驚嘆&歓喜。

そう、その去年の夏に参拝した時。第一鳥居を一礼してくぐり、歴史的にも重要な石畳のゆるやかな階段を上がって行きしばらくすると、左手に降りるところがあり、池※がある。泰澄はここでも白山の神を感得したという（例

御手洗の池

の三回目からはこの空間でも甘い香りが降ってきている）。
この時、私は、今までになく泰澄のことを想っていた。そして、池の前にある小さな鳥居を一礼した時だった。突然、墨汁の香りが降ってきたのだ。Kさんもビックリ！　その時に、私は分かった。円空の時と似ている。彼も饒速日命だったのだ……。それを解らせるために、私が彼を強く意識した時、泰澄がサインをくれたのだ。その後、上の拝殿まで上りはじめると、何度もカサブランカの濃厚な香りが降ってきて、初体験のKさんは興奮の坩堝《るつぼ》。

それから私は彼のことを真剣に調べた。この章の前半に記したことだ。しみじみ（なるほど……）と思わざるを得なかった。みなさんも、この神仕組みを読み取れたであろう。

神は、夢など、いろんな手を使い、導いてくださるのだ。

最後に。

泰澄は開山から八年後、白山山頂で奈良時代を代表する名僧・行基《ぎょうき》（『意識』参照）と出会い、極楽での再会を約束したと伝わっている。仮に作り話だとしても、私にとってはとても意味深い話である。実は、この行基も饒速日命の分霊と感じている。

泰澄には、越の国の先輩として敬意を表する。

※私も同じ
私は平成十八年に、夢の中で瀬織津姫の歌が作詞作曲、編曲付、つまり完成品で流れてきたのがきっかけで、姫を追うことになった。

※池
御手洗《みたらし》の池。泰澄がこの池で白山の神に会ったことが、平泉寺のはじまり。平泉寺の名前の元にもなった。

第六章　ファ：大国主命

恵比寿《エビス》も不思議な神。大国主命《オオクニヌシ》の章だが、しばしお待ちを。

恵比寿さんは全国の寺や神社、どこへ行っても大国主命だと言われている大黒さんといっしょに並べて飾る？　置いてある。これほどの最強ペアはないだろう。男同士で可哀想だが（笑）。

恵比寿には、少彦名《スクナヒコナ》、蛭子命《ヒルコノミコト》、事代主神《コトシロヌシカミ》とされる三説がある。一般的に少彦名にするのは少数で、蛭子命や事代主神（大国主命の息子）が多いようだ。上方では「えべっさん」と呼ばれる。兵庫県西宮市にある西宮神社は、全国の恵比寿神（蛭子命）の総本家。

七福神の一柱としてでも有名だが、いつも釣り竿を持ち鯛をかかえている。釣りキチの私としては親しみを感じる神でもある。よく嗜むビールの名前でも有名になっているので、なおさら脳裏にも喉にも浮かぶ神だ。

ここで浮かぶという言葉が出てきたが、この神の登場はとても有名且つ、意味深だ。海の向こうから渡ってきたという……。『古事記』では、大国主命の国造りに際し、波の彼方より天乃羅摩船《あまのかがみのふね》に来ってきたとなっている。

蛭子命の場合は、国産みの際、イザナギとイザナミとの間に生まれた最初の神だが、不具の子に生まれたため、葦の舟に入れられオノゴロ島から流されてしまう。で、海に浮かんで、流れ着いたのが西宮ということだ。いずれにしても海、水が関係している。

少彦名、蛭子命、事代主神と、設定が定まらないのが、恵比寿本人も歯がゆいだろう。二神が間違いか、それとも三神とも同神なのか……。

私はプロローグで書いた金星の姫旅の時、出雲の三保神社にも参拝した（『意識』参照）。ここは事代主神を恵比寿として祀り、その総本山。最初は、ただ有名だからと向ったのだが、鳥居の前で強烈な香水のような香りが降ってきて驚いた。その帰りに、すぐ前にある海辺に建つ末社に気づき、参拝しに行ったのだが、『姫・シ♭』に登場する瀬織津姫の分霊の市杵嶋姫が祀られていた（『意識』参照）。

とにかく、恵比寿は饒速日命の分霊である大国主命を助けるために降臨したことは間違いないようだ。そして、海の彼方からやってきたというところが味噌。つまり渡来してきた神ということだ。

ここでやっと本筋の大国主命となるが、この大国主命も朝鮮半島から渡ってきたともっぱらの噂がある。通常は、素戔嗚尊の子となっているが、子は子でも養子だと。養子でも子には違いないが……。（もちろん、素戔嗚尊も

朝鮮半島からの説あり）

　その噂の一つには、子である建御名方神《タケミナカタノカミ》と、その母の奴奈川姫《ヌナガワヒメ》とともに、三人で朝鮮半島からやってきたというのだ。高志《こし》という地名のところから。越と高志。そうなると日本の越《こし》・糸魚川や十日町に残っている翡翠の女土伝説は、どこぞに飛んでいくのか……と思っていたが、越である新潟地方も昔は高志という漢字を使っていたと最近知った。日本海側は太古から、朝鮮半島との交流が盛んで、言葉もアクセントも地名も共通点が多い。加賀の白山も、朝鮮半島の白頭山《はくとうさん》に似ているので、多く住んでいた渡来人が名付け、残ったという説がある。

　大国主命の面白い点の一つに、出雲でありながら、記紀にたくさん登場し、それもいい感じで記されているということだ。素戔嗚尊とは雲泥の差。単なる、国譲りをしてくれたからなのだろうか……。

　よく考えていただきたい。天照の弟としている素戔嗚尊をケチョンケチョンにこき下ろし、敵対していた出雲の大国主命をヨイショしている。通常は

出雲大社の大国主命の像。大きなオーブが写っているが、
あたかも大国主命が持っているように見える

身内を称え、他は逆である。無理やり弟と偽装したとはいえ、記紀の七不思議の一つである。

この記紀界のバッハと言われる（私しか言っていない）大国主命は、女性にモテたようだ。顔は想像するしかないが、単に押しが強いだけではなく、繊細な心配りも持ち合わせていたのだろう。結局、そういった人物故、多くの国の主になれたのだ。英雄色を好むという言葉があるが、男は女が好きで当たり前。ただ、あまりにもモテる男を見て、モテない男が嫉妬するのは、いつの時代でも常なこと。だから、記紀にも八十《やそ》の兄弟から妬まれ、二度も殺されるという物語になっている。そこでまたそれを助ける※のも女性。蘇生させられ因幡《いなば》の八上姫《ヤカミヒメ》と結ばれる。いい人生だっただろう。このモテた男は、大和族側からしてみても憎めない何かを持っていたのかもしれない。爪の垢を煎じて飲まないと……。

余談。ブッチャー似のバッハが、なぜモテたのであろうか……。やはり芸（作曲）は身を助けるのか……。私も爪の垢もとい、作曲を極めなくては……。

瀬織津姫シリーズで一番多く登場する男神といえば、饒速日命かこの大国主命であろう。それは『八上姫』の歌が降りてきてファーストアルバム『姫』に収録したのがきっかけであるとは思うが、その『八上姫』や、『奴奈川姫』の歌（セカンドアルバム『命～ミコト～』収録）が降りてきたこと自体、私自身の七不思議。

この大国主命が、イエス・キリストであると書いたのは『神話』だった。大国主命はサンタクロース（セイントクロース）であり、つまりイエス・キリストであると書いたのだった。出雲とフィンランド、イスラエルを繋げたのだが、世界の神話も繋がっているがごとく、神の分霊も、土地も時代も時空を超える。

そして、大国主命を語るに外せないのが冒頭の七福神の大黒天。元々インドのシヴァ神がモデルで、中国を経て日本に伝わった神なのだが、単に名前が似ているから同神とされただけとも言われている。しかし、世の中には偶然というものはない。シヴァも饒速日命なのだから……（次章参照）。あと、恵比寿も大黒天と同一かもしれない。

大国主命は、身体がいくつあっても足りなかったであろう。

※助けるのも女性
一度目は、キサガイヒメ（𧏛貝比売）とウムギヒメ（蛤貝比売）の二女神。
二度目はスサノオの娘のスセリビメ（須勢理毘売命）で、後に大国主命の正妻となる。

第七章　ファ♯：クリシュナ

クリシュナはインドの三神、ブラフマー（創造神）、ヴィシュヌ（維持神）、シヴァ（破壊神）の内の、※ヴィシュヌの八番目の化身と言われている。横笛がトレードマークだが、弓矢の名手としても名高い。

私はこれまでインドへ、『意識』に記した四回目と、この平成二十七年一月の計、五回行っているが、インド国内ではシヴァ、ガネーシャ、そしてこのクリシュナの三神の人気が高い。なぜクリシュナが饒速日命の分霊かというと、それは、ブラフマー、ヴィシュヌ、シヴァの三神は同神であり、お役目、役割分担でこうして降臨しているだけだからだ。

インドの物語は壮大すぎて、日本人には馴染めない。クリシュナには、ラーダという有名な愛人がいる。ラーダはクリシュナの本妻ではない。ラーダは牛飼いアヤナゴーシャの妻。インド神話はこういったことを認めるのだ。まあ、日本神話も大して変らないか……。とにかくモテモテの神。しかもクリシュナには愛人が16000人。子供が180000人いたという！　何かの間違い、見間違いではないかと当然疑った。バッハ、大国主命のレベルではない。やはり人間ではないのだろう。失礼、神の化身、アバターだ。

そして、愛人同士の喧嘩はなかったという。なぜならば、その愛人すべてが、クリシュナの分身だからだそうだ（笑）。もう、創作のスケール＆次元が違い過ぎて、文句の〝も〟の字も出ない。お手上げ。我が国の記紀創作者も、どうせなら八十《やそ》などと言わず、このくらいやってほしかったですな。

クリシュナは、ラーマ神とともにヒンズー教の聖典の内でも重視される、

水浴している女性たちの服を隠して楽しむクリシュナ

『マハーバーラタ』に華々しく登場する。ラーマは約二万年前の神。クリシュナは約六千年前の神という。で、身長がラーマは五メートル。クリシュナは三メートル五十センチほどだったとか……。この二神はよく青人として描かれている。『竹内文書《もんじょ》』※に多く登場する言葉、五色人※の青人はこれかと思ったりする。そうそう、平成二十一年に公開されたアメリカ映画の『アバター』の主人公も青人であった。それも巨人。映画の作者は意識しているな……と思い、見ていたものだ。

日本でも、最近人気がある青人がいる。役小角《えんのおづぬ》が吉野の金峯山で修業中に示現したという、奈良県吉野の金峯山寺《きんぷせんじ》の金剛蔵王権現。テレビＣＭでも一時出てきていた。

金剛蔵王権現は、本地仏の釈迦如来（過去世）、千手観音（現在世）、弥勒菩薩（未来世）が権化され、過去・現在・未来の三世にわたる衆生の救済を誓願して出現したという。さらに金剛蔵王権現は、第九章に登場する国之常立とも同一視されている。

本当に青い。そして怖い。しかし、あの強面にも優しさを感じ、何度も足を運ぶ人がいるという。私も平成二十六年四月に参拝したが、うう〜ん……。笑。

私のサードアルバム『三次元のロマン』に『クリシュナと僕と婆』という歌がある。平成二十五年の『セオリツ姫・シ♭ツアー』と題して行った、トーク&ライブの東京の会場で、その歌を弾き語りした。

その時、霊能者の方が参加していて、私が歌っている時、ピアノの回りにクリシュナとサイババが現れ立っているのが見えたという。その時のエネルギーたるやスゴかったそうで、椅子から立ち上がらされ、後ろに卒倒するくらいだったそうである（その方は最後列に座っておられ、視野に入って見えていた）。私といえば、その時、前代未聞の間違い、歌の歌い回しを間違えたのだ。言い訳に使うとすれば、それほどのエネルギーがきていたのか……。

クリシュナには大宇宙の遊戯を感じる。

追記

この一月（平成二十七年）のインドの旅で、クリシュナの聖地へ行った。生誕地（マトゥラ）と、過ごした地（ブリンダヴァン）であるが、高速自動車道のインターを下り、ただただ続く草原を走り、聖地へ向かっている時だった。突然、私はデジャブ感覚になった。（ここ知っている……）と。

そして、バースプレイス（生まれたところ）寺院の奥の、バガヴァッド寺院の祭壇の正面だった。ラーダとクリシュナの像の前で、強烈な甘い香水の香りが降ってきたのだ。同じ場所にいた二人の方ともども、このラーダとクリシュナからの祝福に感動で震えた……。

※ヴィシュヌの八番目の化身
九番目の化身がブッタとなっている。しかし不思議なことに、このブッタは偽の宗教を広めたとされる。仏教は、インドで一番古い宗教であるバラモン教から発生した新興宗教だが、身分差別を廃止した教えだったため、多くの民が仏教に流れた。その仏教に対抗するためにヒンズー教ができたという説もある。そういった訳で、ブッタをそのように表現するのかもしれない。現在のインドのヒンズー教徒の割合は八割を超えるが、仏教徒は一割もないという。

ヴィシュヌの十の化身は以下の通り。

一、**マツヤ**（魚）。
大洪水の時に賢者マヌの前に現われ七日後の大洪水を預言し、船にあらゆる種子と七人の聖者を乗せるよう言った。
二、**クールマ**（亀）。
神々が不死の霊水アムリタを海から取り出そうとした時、亀の姿になって現われて作業を助けた。
三、**ヴァラーハ**（猪）。

大地が水の底に沈められようとした時に、猪の姿で現われ大地をその牙で支えた。

四、**ナラシンハ**（ライオン男）。

半人半獅子の姿で、悪魔ヒラニヤカシプを退治した。

五、**ヴァーマナ**（小人）。

悪神バリによって世界が支配された時に現れ、三歩歩いた広さの土地を譲り受ける約束をバリとした後、巨大化し世界を二歩で歩き三歩目でバリを踏みつけた。

六、**パラシュラーマ**（斧を持つラーマ）。

クシャトリア族が世界を支配した時、神々、ブラフマン、人を救った。

七、**ラーマ**。

叙事詩『ラーマーヤナ』の英雄。魔王ラーヴァナから人類を救った。私のデヴュー曲『ハレラマ』のラーマ。

八、**クリシュナ**。

叙事詩『マハーバーラタ』の英雄。特にその挿話『バガヴァッド・ギーター』で活躍。

九、**ゴータマ・ブッタ**。

偉大なるヴェーダ聖典をアスラから遠ざけるために、敢えて偽の宗教である仏教を広めたとされる。

十、**カルキ**（白馬）。

カリ・ユガ（世界が崩れ行く時代）の最後、世界の秩序が完全に失われた時代に現れて悪から世界を救い、新しい時代（ユガ）をはじめると言われている。

人間でないものがあるのも面白い。この順はインドの州によって違うという。私には、ラーマとクリシュナの歌が来たわけだが、ヴィシュヌとの関連が強いのだろうか……。

※竹内文書
平群真鳥《へぐりのまとり》の子孫であるという竹内家に養子に入った竹内巨麿《きよまろ》が、昭和三年に公開した。政府の弾圧に遭い、写本の多くは焼失し失われたと言われているが、実は残っているという説もある。南朝系の古文献を再編したとされる写本もあるという。一般には、例に漏れず偽書とされている。私はロマンがあって好きだ。昨今、この『竹内文書』とは別系統で〝正統竹内文書〟の伝承者という竹内

睦泰《むつひろ》氏が書を出版されている。

※五色人

ごしきじん、いろびと、いろひとなどと読む。私は『瀬織津姫』の歌の歌詞で、いろびとと読ませている。太古には、黄人、赤人、青人、白人、黒人の五色の人間がいたという。現代は赤人と青人がいなくなっているが、私に言わせると現代も五色いて、ピンク人と、茶褐色人がいる。

第八章　ソ：天照大神＝大日如来

天照大神は、『姫・シ♭』では女神として登場した。が、この書ではもちろん男神である。

基本的にこの書ではアマテルと読ませる。ちなみに、読者の中で男神天照大神は、アマテルと言うものだと思っている方が多いと思うが、実際はアマテラスでもどちらでもいいのだ。これは意味深いことにも繋がる。

仏教の頂《いただき》に如来《にょらい》がある。菩薩の上。天照大神はこの大日《だいにち》如来にあてがわれる。もちろん一般的にこの天照大神は、女神としてある。

菩薩と如来の違いを、私が一番影響を受けたであろう、故・高橋信次さんはこのように言っておられた（講演テープで聞いた。私なりの感覚で書く）。

「菩薩も悟っているが、まだ飾るという心が残っている。如来はそれすらなくなっており、衣服以外は何も身につけていない」

確かにそうだ。また、

「もしそのようなものが必要ならば、生まれてくる時につけてくるはず。生まれてくる時はみな裸である。このように、自分の魂を磨けば飾るものも必要としない。本来人間は、生まれた時からすべてを持っているものなのだ」

と。

この大日如来は一般的に女神の天照大神とされていると書いたが、ということは瀬織津姫である。大日如来は万物の母とも称するが、基本は、〝万物を総該した無限宇宙の全一〟である。全一とは、完全に一つにまとまっていること。これはワンネスのことだ。陰陽合一した姿のこと。陰陽のトップ同士。陰陽合わさっての一つ。

これは、大日如来というのは、陰の天照大神（瀬織津姫）と、陽の天照大神（饒速日命）が合体した姿。

上の次元へ行けば行くほど、性別はなくなっていく。『意識』に写真も載せたが、インドの土産屋にあったシヴァとパールワティーの合体した姿を思い出す。

伊勢神宮の天照大神は男神、女神、どちらなのかという謎だが、最近はもうどちらでもいい感覚だ。男なら饒速日命。女なら瀬織津姫。この大日如来、ワンネスの天照大神であろうから……。

古の都、京都の朝廷は女として祭り事（政り事）をする。民は男として祭り事（祇園祭）をする（『神話』『愛舞』参照）。それでいいじゃないか。バランスが取れている。これまで朝廷が、なぜ民が男として祭をするのを止めないのか疑問だったのだが、ひょっとしてこういった訳も、そう、「どちらもなんですよ」ということがあるのかもしれない。止めさせようとすればいつでもできること、できたことだ。千年以上ほっておくのは理解できなかったが、その謎が解けたような気がする。

日本の皇祖神の天照大神という神名には、このような奥深いことを詰め込んでいるのかもしれない。

天照大神＝大日如来にはすべてを含むという意味を感じる。

追記

平成二十五年、伊勢と出雲がそろって遷宮をしたわけだが、伊勢である出来事があった。よくコラボをするレイキの川島伸介さんから聞いたのだが、伊勢の遷宮の祭りの日に、拍手を二拍手でなく三拍手で執り行われたという。もちろん公のニュースでは表に出ていない。これはアマテル方式と言われているもの。伊勢は、天照は男神と宣言したのであろうか……。

光得寺の厨子入り大日如来座像

第九章　ソ♯：国之常立＝天之御中主

国之常立《クニノトコタチ》も、これまでの瀬織津姫シリーズで意外と？多く登場している。Gさんという名で、時折、神霊の言葉を降ろしている人がいて、神霊より私への伝言を記しているのだが、その神霊は、「儂《わし》はいろんな名前で呼ばれ、国之常立尊と呼ばれる時もある」（『神話』参照）と言っている。このことは、『姫・シ♭』やこの書にも関連する。関連するどころか、主旨そのものである。

そう、いろんな名前で呼ばれる……の部分だ。

国之常立と天之御中主《アメノミナカヌシ》。もちろんどちらにも参拝しているが、祀る神社は少ない。

造化三神と言われているが、記紀の『古事記』と『日本書紀』との最初に登場する時の神名が違う。『古事記』では最初に天之御中主が現れ、次に高御産巣日《タカミムスビ》と神産巣日《カミムスビ》が同時に現れる。それが『日本書紀』では、初めの天之御中主のところが国之常立になっている。だから両神は同神でいいのだが（世の中には違うという説もあるかもしれない）、この両神はいわゆる肉体をもたない神、人間にはなっていない神として扱われているようだ。高御産巣日と神産巣日もそうではないかと思っていたが、高御産巣日は、女神の天照大神が素戔嗚尊と政略結婚する前に九州の地で高木神《タカギノカミ》と夫婦であり、その高木神がすなわち高御産巣日であるという説がある。説は本当にいろいろ。

ただ『竹内文書』では、国之常立はスメラミコト、つまり天皇《スメラミコト》であったことになっており、人間としても存在していたかのように描かれている。しかし、『竹内文書』のことだから、億、十億、百億年前が当たり前のように付く太古のことなので、私たちは想像するしか、信じるしかない世界でもある。『瀬織津姫』のオリジナルシングルCD（YANZU―0005。又は0010冬ヴァージョン）の盤面にも、国之常立天皇が発案したという〝モモキ文字〟という神代文字で、セ・オ・リ・ツ・ヒ・メと書いてある。神代文字書道家の安藤妍雪《けんせつ》女史が描いてくださったものだ（『スターピープルVol・53（ナチュラルスピリット社刊）』参照）。杉の木をデザインした文字で、セの字は杉の葉そのもので表現してある。これは伊勢神宮の中に秘宝として残っている神代文字の一つでもあるそうだ。

神仏分離により、全国各地の妙見神社の多くは祭神を天之御中主と改めたが、国之常立を祭神に改めた社もあった。国土形成の根源神、国土の守護神として信仰されている。この日本の神書の〝初め〟の神こそ、イコール饒速日命、イコール瀬織津姫である。

国之常立を祀る神社は、鳥取県の若桜《わかさ》神社（鳥取県八頭郡若桜町）が一番印象に残っている（76頁の写真の社）。この写真の位置に到達するまでに、

鳥取県にある国之常立神を祀る若桜神社

とても長い石段を上がっていかなくてはならない。同行者の中で、途中で諦めた人もいたほどだったが、素晴らしい氣を発する社だった。真っ直ぐ伸びた大杉も神木と呼ぶに相応しいものだった。

ちなみに、国之常立と書く場合と、国常立と、之を省く場合がある。私はある時から之を意識して入れるようにしている。『秘話』を参照していただくが、奈良県は十津川村にある、熊野三山の元宮と謂われる玉置神社に参拝した時、そこの神職さんに、「必ず之を入れてください。それが正式です」と教えていただいた経緯がある。よく見ていただきたい。この章の対である天之御中主にも之が必ず入っている。天と国の違い。之を省くのはよろしくないであろう。この話は、天津神も国津神も同じであるということにも繋がるのである。

国之常立＝天之御中主には、真っ直ぐに通った一本の筋を感じる。

第十章　ラ：ベートーヴェン

「ホッホ」。これはゴッホのこと。出身のホーランド（オランダ）ではそう呼ばれる。

では、「ヒートーフェン」。これは？

そうドイツはボン生まれの、ルートヴィヒ・ヴァン・ベートーヴェン（一七七〇年～一八二七年）のこと。

本当はヒートーフェンでもない。地元ドイツ人のように発音できないのだ。しかるに私は、文字でもその通りに表せないでいる。非常に歯がゆい。

第十章　ラ：ベートーヴェン

ヒートーフェンだが、私が平成十四年にリリースしたシングルＣＤ、『I Like Beethovcn』をドイツ人に聴いてほしいと思った時、ふと、ドイツ大使館が浮かんだ。即行動する私は、大使館に連絡＆アポ取りし、足を運んだ。そこで希望が実現して片言の日本語を話せる偉い方と面談した時に、「ヒートーフェン」が出たのだ。何度もマネをしようとしたが、その方も苦笑いするほど、正確に発音できない私だった。

余談はさておき、『姫・シ♭』のド♯・弁財天＝市杵嶋姫の章でもベートーヴェンのことを少し書いたが、この偉大なる作曲家は、音楽界の新約聖書と称される。旧約聖書はヨハン・ゼバスティアン・バッハ。

神は最初に音を作ったと言われる。その頂に君臨する楽聖。そう、ベートーヴェンはただ一人、楽聖と呼ばれるのだ。

音楽はドではなく、ラが基本だ。調律もラからはじめる。赤ちゃんの泣く音程が、ラということもよく知られた話と思う。そのラにこのベートーヴェンを持ってきたのは、必然で、彼以外を置くと、宇宙が困るはず。

〝ベートーヴェンが饒速日命〟だという文言を最初に見たのは、『姫・シ♭』に記したように、瀬織津姫はもちろん饒速日命も知らない十数年前のこと。どなたか思い出せないのだが、ある女性霊能者の方が出された本だった。

それから十年ほど経ち、瀬織津姫を知り饒速日命も意識するようになった。そして昔読んだその本を思い出した。だからといって、すぐにベートーヴェンが饒速日命の分霊と思った＆信じたわけでもなく、ただ思い出しただけだった。

音楽を愛する人の多くがそうだと思うが、この作曲家はモーツアルトと並び、音楽をはじめる時によく名を聞かされ、当たり前に目にする名である。私もそうだった。母は無意識にベートーヴェンの名を私に刷り込んだ。

『528』の第一章にも書いたが、私が男ばかりの三人兄弟の末っ子として生まれた時に、家には五台のピアノがあった。その内二台がグランドピアノだった。私の生家は、病院の跡地を買ったので、奥の廊下を渡ると、入院用に使われた五部屋があった。そこに一台ずつ、両親はボーナスが入る度に埋めていったようだ。

習※い事をはじめるのに良いとされる満六歳になって、私は正式にピアノのレッスンをはじめた。その日を私は今でもYouTubeを見るように思い出す。

――左から二番目で、渡り廊下を渡った正面にあるグランドピアノのある部屋。母が生けた白と黄色の菊の花がきれい……。そこにはベートーヴェンの青銅器の像もあった。（82頁の写真だ。現在、私が武蔵の国で所有している）

母に言った。

「僕、ベートベン抜くよ」

高笑いした母――

若気の至り以前の問題なので、「かわいいな～」と許していただきたい（汗）。

私が所有するベートーヴェンの像

このベートーヴェンが饒速日命の分霊だと私に「カチッ」ときたのは、いくつかの遍歴がある。

まずは、私のスピリチュアル史に関係するのだが、三十歳で強制的に？霊の世界に引っぱっていかれ、故・高橋信次さんを知るに至った（感謝している）。

その直後から不思議なことが起こった。頼みもしないのに、複数の霊能者が寄ってくるようになったのだ。普段数千～数万円を請求している人たちが。そして、いろんなことを言い残しては去っていくことが続いた。その中の話題に、ヘンデル、ベートーヴェン、そして素戔嗚尊という名も登場していたのだった。

まさに本書に登場する名が、その頃集中してやってきていた。まさか、うん十年経ち、こういった書を書く運命になっていようとは、知る由もなかった。

こうしてその当時久しぶりにベートーヴェンに興味を持ち、何冊も彼の伝記を読んだ。その中の一書だけに記してあったのだが、彼はヨーロッパに生まれしも、ある時からヒンズー教に興味を持ち、それもブラフマー（創造の神）信仰をしていたという。この頃は姫も命も知らない時だったので、（へ〜、インドのヒンズー教に？）というくらいの印象だった。が、後々、ブラフマーの后が瀬織津姫であるサラスワティーだと知るに至り、再び私の脳裏にこの楽聖が幼少時代のごとくこびり付いてきた。

またある時、彼の夢を見た。

古いアパートの階段を上がる。彼の部屋のようだ……。ドアを開けると一人の少女が……。彼の娘だ！（もちろん西洋人）その娘の瞳を見る。そう、夢を見ている私も、その少女の瞳を覗き込んだ。その少女は現世で知っている人だった……。

彼には噂の域だが、サラという娘がいたという。これを知った時、マグダラのマリアとイエスの子も同じ名前だったな……と思った。そしてそして……ベートーヴェンの母親の名前は、それは……、マリア・マグダレーナ。

できすぎだ……。神仕組みに身震いする。

ベートーヴェンは、癇癪《かんしゃく》持ちのように伝わっている。もし彼が本当に饒速日命の分霊ならば、饒速日命という大きな陽のエネルギーの中の荒魂《※あらみたま》の部分が強く降臨したのかもしれない。

しかし、彼には誰にもマネができないような優しさ、神聖さがある。『悲愴・第二楽章』※の天にも上る音楽は、彼以外の誰にも作れない。人間として肉体を持った者に、宇宙は彼にしか降ろさないままである。一度、私のトーク&ライブで音人生をゲストに迎え、ショパンの『別れの曲』と、リストの『愛の夢』、そしてこの『悲愴・第二楽章』を弾き比べしたのだが、誰しも唸ったほど、この三曲は雰囲気が似ている。ベートーヴェンを尊敬していた二人の後輩天才作曲家が、無意識の内に作ったものであろう。

この曲を聴く度に、私は誰にも敵わないような彼の優しさを感じるのだ。次元の違う優しさを……。逆説的に書くと、この曲を聴くと、「神って素晴らしいのだな〜」と感じるのだ。神に失礼か？

ベートーヴェンには崇拝するのみ。

追記

この書の全章をだいたい書き終えた頃に知って、驚き＆ニタッとしたことがある。

ベートーヴェン語録にこんなのがあった。

「**昔の巨匠の中で、ヘンデルとバッハのみが天才であった**」

私がニヤケタのも分かっていただけると思う。

※習い事をはじめる

世阿弥の書き残した能の理論書、『風姿花伝』に、七歳（満六歳）からお稽古をはじめるように書かれている。満六歳の六月六日が良いとされる。面白い。この日本で666が昔から重要視されていたのだ。弥勒《みろく》でもある（3つの6）。

※荒魂

神道では魂を四つに分ける。和魂《にぎみたま》、幸魂《さちみたま》、荒魂《あらみたま》、奇魂《くしみたま》と。

※『悲愴・第二楽章』

ピアノソナタ第8番ハ短調作品13の二楽章。ベートーヴェンの三大ピアノソナタ（ピアノソナタ第8番『悲愴』、ピアノソナタ第14番『月光』、ピアノソナタ第23番『熱情』）の一つ。

第十一章　シ♭：素戔嗚尊

ようやくこの書の主役の登場。牛頭天王《ごずてんのう》（スサノオに対する神仏習合での呼び方）とも言われる。使う文字は違うが、天皇以外に〝てんのう〟と言われるのは、それに相応しい王だったからであろう。この神も『姫・シ♭』の磐長姫《イワナガヒメ》同様に、分霊と解った時、ショックだった……。それにはやはり洗脳、刷り込みも影響していたと思う。記紀での表現である。そこでの表現は荒魂だからしょうがない……では収まらないほどの表現の仕方だ。神以前に、人間失格とも取れる内容の羅列。いろいろ思い出すほど気分が悪くなる。

素戔嗚尊《スサノオ》もラのベートーヴェン同様に、荒魂が強いのかもしれない。ああ……、これもまだ刷り込みから脱却できていないのか……。そんなこと分からないじゃないか。本当は、優しく思いやりのある男だったかもしれない……。決めつけるのは止めよう。少なくともこの書の中では刷り込みを断捨離する。

素戔嗚尊はというか、素戔嗚尊もよく渡来人と言われる。朝鮮半島からとか、はたまた、シュメールの隣のエラムの首都を「スサ」と言って、その王様が「スリノオ」だという。また、ヒッタイト帝国のヒッタイト神話が、八岐大蛇退治に酷似している話も面白い。ヒッタイトの首都は〝ハットウシャ〟。八頭蛇と似ているのは偶然であろうか？というものもある。ヒッタイト帝国を制圧して、製鉄文明を手に入れたのが、「スサノオ」だと考えられるなど……。たんなる語呂が合っているからそういった説が生まれるのか分からないが、もし本当にそれらの説が正しいとすると、本当にこの日本という国は、魅力があったという証だ。

月岡芳年作。『日本略史　素戔嗚尊』に描かれたスサノオとヤマタノオロチ

よく聞く話で、朝鮮半島の王族が、権力争いで負け、船で逃れてきた……。だが、この日本が嫌な国だったら避けて違う国に亡命したはずだ。何でも受け入れ、とても平和な国だったのかもしれない。または、よっぽど弱《よわ》っちい国だったか……。意外とそれも大きな理由だったりするかもしれない。

（奇しくも、この原稿を書いている平成二十六年十一月、小笠原諸島海域に、中国船が国際法を破り、多い日には二百～三百船も、赤サンゴの密漁をしにきていて問題になっている。日本政府もほとんど何にもできずにいる有様。完全になめられている。縄文、弥生時代の様子が手に取るように観えた、連想したのは私だけだったであろうか……。国際法がある時代にでさえこうである。当時は当たり前のことで、上陸も当たり前だった……。）

私が一番面白いと思うのは、この神が記紀の中で、女神天照《アマテラス》大神の弟として描かれていることだ。記紀編集者（『ホツマツタヱ』も）がそうしたかった訳はなんだろう……。よほど目の上のたん瘤《こぶ》だったのだろう。それくらいは想像がつく。あとは、出雲を治めていたことを隠すためか……。このように天照の弟であるとすると、素戔嗚尊は出雲ではなくなる。出雲は大国主命が……にしておきたかったのか……。（意外と盲点の一つ）

これらのことを巡らせると、大和朝廷も出雲もすべて渡来人が……となり、複雑な気持ちになるものだ。そして、自分も渡来人の子孫で、この日本は、渡来人が作った、乗っ取られてできたというか、今がある……とどうしても結論づいてしまう自分がある。姫も渡来人の可能性がある……。それが現実。日本。それが今の日本人……。

しかし、この日本だけでなく、世界中がそうやって現在に至っているわけだ。渡来人がどうのこうのと思ってしまう段階、瞬間、それはもうすでに差別をしていることである。神もワンネス。陰陽合体ということを考えるならば、想うならば、渡来人である、渡来人が作った国、制圧してできた国……。そういったことはどうでもいいはずでないか。人、地球人はみな同じ。たとえ、違う星から来た……などであろうが、同じ同居人だ。

この素戔嗚尊という、荒ぶるという形容詞が一番使われる神を想って、こんなことまで思いを巡らせてしまった。

素戔嗚尊が女神天照大神との誓約《うけひ》で宗像三女神を産んだとされるお伽話について。これには、九州にいた女神天照大神の元へ、出雲の素戔嗚尊が政略結婚しに行ったという説があり、その時にできた子供という。説はいろいろあるが、これが真実とすると、天照大神もやはり一人でないし、三次元的に男と女の最低二人いたことになる（『伝説』参照）。それで私が『意識』で記したように、伊勢神宮で、男神天照を祀る派と女神天照を祀る派がいた……に結びつく。

このように素戔嗚尊はいろんな要所で鍵、キーマンとなる存在である。この書でもシ♭に位置づけた。ということは、我が国の神話、歴史でもっとも重要な役割を担っている神とも言える。
また、記紀で、瀬織津姫・饒速日命を載せない、ほとんど載せないという扱いにしたのに相対して、この素戔嗚尊は、とことん悪者にデフォルメし、かなりの頁数を割いて登場させた。これは三次元で一番の強敵であった証明でもあろう。そしてそれを載せることによって、自分たちを上に置こうとしたのかもしれない。素戔嗚尊は最強であり、カリスマ性を持ち、神愛に満ちた大神だったのだ。そう、天王と言われた神。

言葉を換えれば、

素戔嗚尊は日本神話の主役、スーパースターなのだ。

第十二章　シ：イエス・キリスト

第八章で、飾ることについて書いた。ここで、この章のイエスのことを当てはめて考えていただきたい。これはブッタ、ガンジーにおいても同じことなのだが、イエスは何か飾っていただろうか？　手首にパワーストーンの数珠などをつけていたであろうか？　よく考えていただきたい（いけないと言っているわけではないのであしからず。私もきれいな石は幼少の頃から大好き）。

イエスは（如来は）、パワーストーンに、何らかのエナジーを得よう、助けてもらおうといった気持ちを持ち、身につけていたであろうか……。私は否だったと思う。木像の如来と同じ、衣だけだったと思う。弟子にも、そのようなものに頼る気持ちがあるならば、その前に自身の魂を磨けよと、教えていたであろう。そのように思えてしかたがない。もちろん、そう教えても十二弟子たちが全員できたとは思わないが、師イエスはそのような方だったと思う。もちろん彼には必要がなかった。口で言わず、態度で示していたかもしれない。

何も持たないということは、すべてがあるということだ。イエスは当然、その次元にいた。それどころか当然、超越していた。

もちろん、イエスも人の子。人間イエス。酒も飲み、冗談も言い、たまには感情を高ぶらせたこともあったと思う。失意に落込んだこともあろう……。そのように受け止められる文も、聖書の中から垣間見られる。

ミュージカルの作曲中、歌詞を見ながら神聖な曲をイメージしていた時に現れていたイエス・キリストの顔。髭をはやしたイエスが浮かび上がっているのがわかるであろうか

クリスチャンの方々にまた叱られるようなことを書いたが、どれだけ素晴らしい悟りを得ても、そういった次元でも、肉体をもった人間であれば100％ということはない。

僭越《せんえつ》であるが、私の作らされた（降ろされた）『クリスマスナイト』※という曲は、イエスの曲なのだが、これを聴いたリスナーで、〝人間イエス〟を感じますといった感想を送ってくださった方がいた。ちゃんと解って聴いてくださったのだなと思う。私は、人間イエスだからこそ、素晴らしいと思うのだ。人間くさいところがあってこそ、人々を導けるのだと思う。

このイエス・キリストも天照大神同様、よく生まれ変わりに利用される。「私はイエスの生まれ変わりです」と。今の自分が、イエスより劣るので言いたくなってしまうのであろう。今の自分が、イエスを超越していれば、そういった名を出す必要がない。そういう〝名を出している人〟に引かれる自分がいたら、修行が足りないと思った方がいい。

『神話』に伊勢神宮、神道はキリスト教だと記した。一見、一神教と多神教で違うように見えるが、解れば解るほど同じである。多は一なのである。一は多なのである。

現在残っている聖書というものは、時の権力者によって都合のいいように書かれた、編集されたといったこと以前に、これ自体はモーゼ、イエスが書き残したものではないということが肝心だ。仏教も同じ（だからといって価値のないものと言っているのではない）。現代は聖者が自身で書を書き残せる時代なので、我々は本当に幸せだと思う。最大限に受け取りたい。

『姫・シ♭』のラで、聖母マリアを位置づけた。聖母マリアが幼児イエスを抱く絵が多くあるが、あれはとてもいい。母性。人の基本は母性、愛。宇宙の基本は母性をリアルに、そして自然に表している。そういった意味でキリスト教というものも、いい教えだ。ローマ権力がイエスの教えを湾曲したところがあろうと、間違いの部分があろうと、自分で書いたものでなかろうが、その中にはイエスの真の尊い教えももちろん含まれている。聖書の中からも学ぶものが多々ある。尊い書であることは変りがない。私もありがたく学ばせていただきたい。

「神道は宗教ではない。なぜならば宗教の定義の一つである聖典がないから」ということを聞いたことがある。確かに神道に聖典はない。ただし、この国の教えにはそれがない代わりに、神々の物語を記した〝正しい書〟という記紀がある。聖書や仏典と記紀の違う点は、霊性のためになるかならないかだと思う(聖書の生け贄関連は嫌だが)。残念ながら、記紀は参考にならない。

しかし、神道の心は廃れてきたとはいえ、日本国民のＤＮＡに染み込んでいるもの。『竹内文書』では、イエスも日本で学んだということになっているようだが、それはともあれ……、

イエス・キリストには感謝するのみ。

※『クリスマスナイト』
　現在のところ、デビューシングル『ハレラマ』のカップリング、アルバム『姫』収録、アルバム『For Maria Magdalene』収録、ライブ演奏の四つのアレンジがある。

第十三章　ド：饒速日命

大宇宙の陽のエネルギー、命の日本での正式名は、天照国照彦天火明櫛玉《アマテルクニテルヒコアマノホアカリクシタマ》饒速日命《ニギハヤヒノミコト》であると、はじめにで書いたが、この十四文字の中の櫛と玉の間に、甕《ミカ》の文字の入る名が正式という説もある。甕とは土器、陶器の甕《かめ》のことだ。甕は古代から神聖なるもの。東大阪市にある石切剣箭《いしきりつるぎや》神社は表向き（由緒書きパンフレット）には、饒速日尊としか表記していないが、実はこの甕入りで祀る。では最初からしっかりと記してみよう。

天照国照彦天火明櫛甕玉饒速日命《アマテルクニテルヒコアマノホアカリクシミカタマニギハヤヒノミコト》

大阪府東大阪市、石切剣箭神社随神門にある神像

饒速日命は『日本書紀』での書き方であり、『古事記』では邇藝速日命と記されている。また、最後の命を尊とする場合もある。また命は、物部氏、穂積氏、熊野国造らの祖神と伝わっている。その前に、命は初代天皇であると言われていることも忘れてはならない。この饒速日命と瀬織津姫が、大和朝廷が生まれる前に大和を治め、崇められていたのである。

がまず、意外な物語からはじめる。


饒速日命は※蘇我馬子《そがのうまこ》のことだった。そして、長髄彦《ナガスネヒコ》は物部守屋。

この文言を読んで卒倒する人もいることだろう。しかし、世の中には実際にこのような説もある。

長髄彦のことを、ネットのkotobank（コトバンク）が端的にまとめられているので、引用させていただく。


神武天皇の東征に対抗した大和の土豪。『古事記』では登美能那賀須泥毘古と記され、妹の三炊屋媛は、物部氏の祖神饒速日命の妻であった。神武が生駒山を越えて大和に入ろうとしたとき、これと戦い、神武の兄五瀬命に重傷を負わせた。神武の軍は紀伊に迂回したが、イツセはそこで戦死する。ナガスネヒコは大和に進攻する神武の軍に抵抗するが、黄金の鵄が飛来して神武軍を助けた。ナガスネヒコはニギハヤヒに忠誠を尽くそうとするが、ニギハヤヒは神武天皇に帰順し、配下のナガスネヒコを殺してしまう。神武伝説中の最大の仇役として後世にその名を残した。（西條勉）

この有名な逸話を、蘇我馬子と物部守屋との歴史と照らし合わせてみる。再び物部守屋側から kotobank で検索する。

古代の豪族。尾輿の子。大連となり敏達天皇のころ、仏教が盛んになると蘇我馬子ら崇仏派と対立。用明天皇の没後、守屋は穴穂部皇子を即位させようとしたが失敗し、馬子のため攻め殺された。

古代となっているが、六世紀のことだ。どうですかな？　この二つの話は似てないだろうか？

そう、先の神武天皇からはじまる話は、六世紀にあった蘇我馬子と物部守屋との歴史を元に、まったくの架空の神武天皇という人物が存在したかのような創作話を、日本書紀に書いたという説。

この説を知るに至った経緯は、『姫・シ♭』に関係する。この書で私は〝レ〟の音に楊貴妃を載せた。出版後、北九州市の読者の方から推薦された、三吉不二夫著『楊貴妃墓の謎』（葦書房刊）に書かれていたのだ。

三吉さんも記しておられるが、自分は学者でなく素人だからこそ、素直な感覚で日本史に対することができ、このような発想ができたと。真偽はともあれ共感できる。

古のことは分からぬもので、私たちの頭の中に駐在する知識というものは、〝これが正しい書〟という物を土台としてなりたっている。どれだけ記紀という書が勝者の書であり、そのうえ、事実でないことがたくさん書かれていると疑ってみても、やはり半分は信じているものだ。それが頭の中に駐在している。立派な庭園を造り、自身の木々を植え、妄想林にまでなっている人も多かろう。

そして重要なことは、瀬織津姫もそうだが、この饒速日命も一人ではないということ。姫についても命についても、多くの人がこれを抜きにして考えているので、迷路にはまっている。諍《いさか》いも起こる。

全国の饒速日命を祀る神社の数だが、これを調べた人を私はまだ知らない。瀬織津姫もそうだった。そうだったというのは、私が姫を最初に知った時は二百社ほどという認識だったが、実際に私が七年半かけ全国を探し回り、参拝した現在では、六百五十社あまりあることが分かった。これは本名の瀬織津姫という名と、祓戸神社を含めてである。別名を含めると現在、千四百社ほど参拝しているが、まだまだ全国にある（瀬織津姫シリーズ参照）。

奈良県生駒市にある饒速日命の墳墓

饒速日命でこれをした人はまだいないようだ。私が最近参拝した命の社の中では、新潟県村上市の石船《いわふね》神社が素晴らしかった。ここには姫の別名も水波女命《ミズハノメ》、高龗神《タカオカミ》、闇龗神《クラオカミ》とオンパレードで祀ってあった。命も別名が多い。ここでいくつか記してみる（いろんな漢字が使われるので、この表記とは限らない）。

大和大国魂神《オオヤマトオオクニタマノカミ》
大物主櫛甕玉命《オオモノヌシクシミカタマノミコト》
布都御魂大神《フツミタマノオオカミ》
武甕雷神《タケミカヅチノカミ》
大歳神《オオトシノカミ》
天火明命《アマノホアカリノミコト》

命も姫同様に隠された神なのだが、命の全国の社を探し参拝するとなると、やはり十年ほどかかるであろう。

さて、小さな地球の中の日本の枠で、命を捉えるのは窮屈だ。饒速日命は神の子だ。それは貴方（貴女）でもある。本当は誰しもが饒速日命なのだ。大宇宙のエネルギーの陰陽の陽の片割れ。陰の片割れが瀬織津姫。そう思うと、すべての男性を尊重し、すべての女性を大切にするようになろう。

この書の主旨は、歴史的史実と言われているものに照らし合わせるものではなく、大宇宙の陽の大エネルギーである饒速日命の分霊についての書である。これは瀬織津姫同様、そのエネルギーに名前が付いているかどうかは分からない。私がそう（ニギハヤヒ）呼ばせていただいているだけだ。

『姫・シ♭』にもこれまでの瀬織津姫シリーズにも記したように、宇宙の基本は水、母性。そこに正《まさ》しく精子の一点がピッとくっつくだけで波紋ができる。円が広がる。何かが起きる。何かがスタートする。そう陽の働き、発火の働き。チャッカマン。

そのお役目を世の男性は担っているのだ。さあ、奥方に任せるものは任せ、思いっきり活動しようではないか。そしてまた、ゆったりした大奥、大姫に癒してもらおう。

饒速日命はすべてのスイッチ。命がいて大宇宙が息吹く。

追記

私は『姫・シ♭』を含めて、二十六章の最後を一行の言の葉で〆ている。この饒速日命を含め、考えることもなく閃きでサフッと記している。書かされているといってもいいだろう。この饒速日命の最後の章の一文を書き終えた後、見直して鳥肌が立った。祓戸四神の中の唯一の男神、気吹戸主《イブキドヌシ》は、饒速日命のことだったのだ……。

エピローグ

この書のもう一つのテーマとなってしまったのではないかと思われる、古文書、日本史、古代史で伝わってきていることは本当なのかという問題。これを問えば、答えは決まっていると思う。〝否〟と。百パーセント正しい書なんてありえない。勝者側も敗者側も、どんな書であれそうである。

であるから、自分の「好き！」っていう感性が、興味を持つものを自分なりに調べ、その中で「いいな〜」って思うところを信じていればいい。研究をし、趣味での自己満足を得て、生活に気持ちに潤いを得る人もいるであろう。その中から、自分の長所を伸ばせたり、短所を減らせたりすることができき、生活が穏やか、豊になることがあれば幸いだ。

古の書には、大陸からの侵略者や、その時代時代の権力者が、アピールしたいこと、美化したいこと、誤魔化したいこと、隠したいこと、気兼ねして書いたこと……。無数にあったと思う。そこで、当時の権力者の中で作家的才能もある者に、美化した自叙伝的小説を書かせた。それが不幸なことに、この国の正書（記紀）として、歴史の基本書となってしまった。そこには前の支配者の祭器（銅鐸《どうたく》など）や、大王（神）を記すわけがない。富士山が登場しないのも、そういった理由である。

しかし、言論の自由とともに、御上からお金をもらっていない多くの民が、自身の研究、意見を書に記し、また現代ではネットなどを通して世にアピール、問うことが可能な時代となった。本書にもたくさんの説が登場した。私も含めてだが、戦前と現在を比べると、学者以外の者が、世に意見を放つ数は比でないだろう。

もちろんその中には、人によっては首をかしげる内容もあろう。その首をかしげる知識の元は何かと問えば、それまでに自分が培ってきた知識で、その知識がどこから来たかと考えれば、義務教育で教わったものであったり、ニュースであったり、自分が読んできた書であったりと、多くの人が気づくはずだ。

タイムトラベルができないならば、せめて今の世であろうと、車、電車、飛行機でその場へ行き、実際に歩いてみないと、自分自身の意見や考えは確立できない。これまでの無意識での洗脳の中で足掻《あが》くだけ、他人の説の中で踊るだけで終わる。

霊的なものも同様である。その地、神社、寺に足を運び、そこを歩いてみるだけで、幾多の閃きがあったことか……。その積み重ねで自分というもの、自分の感性というものができるのだ。『姫・シ♭』とともに、この書もそうしてできたものである。

またこの書で、一般的歴史文献では書かれていない事柄を、初めて記したところがある。クイズになるかな（笑）。それは日本武尊の章。（あれ？　こんなこと初めてだぞ……）と思って読んでいた人は鋭い。

おわりに

本書の扉のデッサンですが、大阪在住で饒速日命と麻をこよなく愛するイラストレーター、真《さな》和子さんの作品です。昨年（平成二十六年）の夏に描いていただきました。自分で作られた、麻の炭を混ぜたクレヨンで描かれました。彼女は、私の作らせていただいた『瀬織津姫』の歌が大好きで、私のトーク＆ライブにも足を運んでくださり、自身の会でもピアノ弾き語りをしてくださっています。ありがとうございます。

その真さんと、昨年五月に、饒速日命の縁のあるところに行きました。まずは、饒速日命の社として有名な大阪府交野《かたの》市にある磐船神社（『伝説』参照）へ。そして、奈良県生駒市にある饒速日命の墓などに案内してもらいました（１０８頁の写真です）。命の墓とされるところは三カ所分かっているそうですが、その内の一つに参拝することができた私は、感動でしばらく動けませんでした。

デッサンにあるように、この命は弓を持っています。面白いことに、この墓は命の弓の墓だという説があるそうです。

なぜ真さんが弓を持った命を描いたかというと、他にも理由があります。『秘話』のまえがきに記したことです。

私は小学生の頃、何故か冬になると、実家の裏の竹藪から竹をノコギリで切り取り、鉈《なた》で割り、母の使っていた箏《こと》の弦も使い、自分で弓矢を作っていました。当時は何も考えずにやっていましたが、今思うと、そんなことをしている人間は、私しかいませんでした。親、兄弟、友人……誰もいませんでした。真冬の雪積る竹藪の中や積雪の壁に向かい弓矢を放っていた記憶を書いたのです。

それを読み感動してくださり、それが頭から離れなくなって描いたとおっしゃっていました。不思議なリンクです。スピリチュアルな真さんならではと思います。

瀬織津姫の墓も現在のところ偶然？三カ所あり（『愛歌』『意識』参照）、もちろん私は全部参拝しています。命のその他の墓にもいずれ訪れることでしょう。もちろん、姫も命もその墓と言われるところが本当の墓だと確証があるわけではありませんが、手を合わせる気持ちが大切と思います。

昨年、霊能者の緒方重隆さんという方とお会いしました。福岡県糸島市の方です。書も数冊出しておられます。六年ほど前に、福岡県の読者の方からその書を送られてきて知った次第です。読まずに積んであったのですが（すみません）、数年してから適当に数頁めくってみました。すると……、私が饒速日命の分霊として感じ、書に記していたことと同じ神名がいくつも書いてあったのです。

今回、お会いする前に、書を読んでいないと失礼なので、最初から読ませていただきました。すると、もっと驚嘆することになりました。なんと、瀬織津姫の分霊についても書いておられ、それも多くの神名が一致していたのでした（もちろん、私の書を読んで書かれたのではありません）。

緒方さんは自動書記でいろいろ書かされる方なのですが、帰り際に、私のことをスラスラと書きはじめられました（頼んだわけではありません）。国内、国外の過去世的なことも書いてありましたが、名前は書かない方がいいと言っているとかで明記されませんでした。最後に、**白山くくり**と〆てありました。菊理姫様からの言葉とのこと（姫だ……）。それも含め、事実かどうかは別としてありがたく受け取りました。大分県にお住まいの、緒方さんと知り合いの読者がおられるのですが、その方が知る限りでは、菊理姫が出てきたのは初めてとのこと。

そしてもうお一方。不思議ですがこの方も福岡県の方です。昨年十一月に福岡県は、これまた奇遇にも糸島市でコラボトーク＆ライブをさせていただいた、人気ブロガー(ブログ名＝なきにしもあらず)の、どん爺さん。彼は、記紀などの中に書かれていることを漢字や絵などから紐解いておられるのですが、どん爺さんも、姫と命の分霊においてかなり共通なことを書いておられます。

片や霊能者、片や文字などから紐解く……。私はどちらでもなく、旅、足を運び運びしてその中で「カチッ」と感じる、閃く、たまに夢、そして音楽(アルバム『姫』の中に、『ニギハヤヒ参上』という曲があります。続けて『瀬織津姫』が流れます。ぜひ聴いてみてくださいませ)。この三人が不思議とほとんど同じ答えを出している。こうして違う方向から研究したり、見えたり聞こえたりする人と私の感じていることが一致するということは、とても不思議であるし、うれしいものです。

姫辞典を出し、命辞典も出したいという気持ちを実現してくださった、ナチュラルスピリット社の今井博央希社長。編集の笠井理恵さん。ありがとうございました。姫と命の分霊の書を残せたことに感謝します。もちろん読者のみなさん、ありがとうございます。

最後に、姫&命の神々へ。いつもありがとう。

平成二十七年　二月　著者

♪ 著者略歴

山水 治夫（やまみず・はるお）

昭和 30 年代 2 月 20 日生まれ。越中出身・武蔵国在住。

音楽家庭に生まれ、8 歳より作曲をする。

国立音楽大学別科ピアノ調律専修科卒業。

有限会社ヤンズ代表取締役、ヤンズレーベル主宰。

作詞作曲編曲プロデュース、ピアノ調律師。

国立音楽大学楽器技術研究会、日本音楽著作権協会、日本作曲家協会、インディペンデントレーベル協議会会員。

著書：『瀬織津姫物語』『瀬織津姫秘話』『瀬織津姫愛歌』（以上、評言社刊）、『瀬織津姫伝説』『瀬織津姫神話』『瀬織津姫愛舞』『セオリツ姫・シ♭』『528Hz の真実』『瀬織津姫意識（上・下）』（以上、ナチュラルスピリット社刊）

ＣＤ：『瀬織津姫』『姫』『命 〜ミコト〜』『三次元のロマン』『やまみずはるお』（ヤンズレーベル　他 8 作品）、『For Maria Magdalene』(スターシア・レコード）

山水 治夫 公式ブログ
http://love.ap.teacup.com/f000401

ニギハヤヒ・シ♭
命のオクターブ

●

2015年4月18日　初版発行

著者／山水治夫

編集・DTP／笠井理恵

発行者／今井博央希
発行所／株式会社ナチュラルスピリット
〒107-0062 東京都港区南青山5-1-10
南青山第一マンションズ602
TEL 03-6450-5938　FAX 03-6450-5978
E-mail:info@naturalspirit.co.jp
ホームページ http://www.naturalspirit.co.jp/

印刷所／株式会社暁印刷

ISBN978-4-86451-160-5 C0014